青鸟童书

少年通识学院

和科学做朋友

陆杨 刘相辉 著

孙莉 绘

北京理工大学出版社
BEIJING INSTITUTE OF TECHNOLOGY PRESS

版权专有　侵权必究

图书在版编目（CIP）数据

和科学做朋友 / 陆杨 , 刘相辉著 ; 孙莉绘 . -- 北京 : 北京理工大学出版社 , 2023.12

（少年通识学院）

ISBN 978-7-5763-3093-9

Ⅰ . ①和… Ⅱ . ①陆… ②刘… ③孙… Ⅲ . ①科学知识—少年读物 Ⅳ . ① Z228.1

中国国家版本馆 CIP 数据核字 (2023) 第 215508 号

责任编辑：王梦春　　　**文案编辑**：邓　洁
责任校对：刘亚男　　　**责任印制**：施胜娟

出版发行	/ 北京理工大学出版社有限责任公司
社　　址	/ 北京市丰台区四合庄路 6 号
邮　　编	/ 100070
电　　话	/（010）68944451（大众售后服务热线）
	（010）68912824（大众售后服务热线）
网　　址	/ http://www.bitpress.com.cn
版 印 次	/ 2023 年 12 月第 1 版第 1 次印刷
印　　刷	/ 三河市金元印装有限公司
开　　本	/ 880 mm × 1230 mm　1/16
印　　张	/ 11.5
字　　数	/ 123 千字
定　　价	/ 199.00 元（全 4 册）

图书出现印装质量问题，请拨打售后服务热线，负责调换

引 言

相传，在这个世界的某个角落，隐藏着一所神秘的学院——少年通识学院。那是一个大师云集的地方，所有到达那里的人，都可以在学院里通过某种特殊的方式，与古今中外的大师无障碍交流。但是，鲜有人能够找到那里，只有被选中的人，才有机会前往。

爱思考的小白、学霸冬冬、顽皮的夏夏、爱美的曼曼，就是众多学生中被选中的幸运生。

今天，是他们来到这所神奇的学院学习的第500天。这会儿工夫，他们的引导人——一个黄色的小短腿机器人魁小星，兴高采烈地出现在了他们面前。

它的前来，带给他们的是更为振奋人心的消息：少年通识学院即将增设四大课程啦！

也就是说，他们在这里又可以学到更多的知识，和更多的大师对话啦！而所要增设的四大课程是什么呢？

分别是科学、经济学、哲学和美学。

好了，咱们快跟随几位少年一起，去看看少年通识学院里的这些课程吧。

准备好，他们的课程要开始喽！

人物介绍

魁小星：少年通识学院的智能机器人,课堂引导人,拥有神奇的大师召唤术。

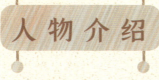

夏夏：学院里的捣蛋鬼,受家庭影响,经济学是他学得比较好的学科。

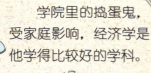

曼曼：爱美的漂亮女生,热爱美学,性格乖巧,乐于助人。

小白：可爱的微胖女生,爱思考,爱哲学,爱打抱不平。

冬冬：学霸,酷爱一切高科技,偶像是普朗克、爱因斯坦等伟大的科学家。

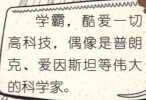

各位同学,大家好!本学期的科学课程正式开课啦!

简单来说,科学就是认识宇宙、认识自然的一种实践方法,是建立在可检验的解释,对客观事物的形式、组织等进行预测的有序知识系统。科学最早的起源可以追溯到古埃及和两河流域。

科学的知识体系庞大且相互重叠。到了现代社会,科学通常分为三个主要分支:自然科学,例如生物学、化学和物理学等;研究个人和社会的社会科学,例如经济学、心理学和社会学等;研究抽象概念的形式科学,例如逻辑、数学、计算机科学等。

在本学期的科学课中,我们邀请了普朗克、爱因斯坦、薛定谔、冯·诺依曼等一批全世界顶尖的科学家来授课。这些科学家前辈将带我们一起学习量子力学、人工智能、大数据、新能源等知识。相信在不久的将来,同学们会将那些庞杂的科学知识牢牢掌握。

加油吧,少年们,期待你们未来成为这些领域的科学家!

School Timetable
科学课程表

量子来啦! / 001

"幽灵"般的量子纠缠 / 011

神奇的波粒二象性 / 020

薛定谔的小猫咪 / 028

不可思议的量子计算机 / 037

人类的超级好帮手 / 046

能听懂人话的机器 / 054

原来计算机有一双"眼睛" / 063

夏夏的5G智能遥控小赛车 / 072

神通广大的万物互联 / 082

一朵强大的"云" / 090

到处都是大数据 / 098

科学课程表

足不出户的快乐VR之旅 / 106

什么是新能源？/ 114

金色的能量——太阳能 / 121

风的样子——风能 / 129

绩优的核能 / 136

变废为宝的生物质能 / 143

飞上天和太阳肩并肩——航天航空 / 151

人造卫星转啊转 / 159

畅想未来的太空之旅 / 166

量子来啦!

在2022年诺贝尔物理学奖揭晓的这一天,少年通识学院迎来了开学的第一节科学课。

"你听说了吗,诺贝尔物理学奖要揭晓了,不知道会颁发给谁?"

"是啊是啊,物理学界的各个领域竞争都很激烈呢。"

"拭目以待吧!"

……

还没上课,夏夏坐在教室里,听到窗外路过的高年级同学在谈论诺贝尔物理学奖。看到大家这么兴奋,他非常疑惑,同学们是在说什么好玩的吗?

"冬冬,他们在聊什么啊?"夏夏一脸疑惑地捣了捣同桌冬冬问道。

"听说2022年的诺贝尔物理学奖今天要揭晓了,大家都很关注呢。"

"诺贝尔物理学奖?"夏夏挠了挠头。

机器人魁小星贴心地为大家打开了直播。

只听直播里报道:"今年的诺贝尔物理学奖得主为 —— 量子信息科学领域科学家,阿兰·阿斯佩、约翰·弗朗西斯·克劳泽和安东·塞林格……"

"量子信息科学 —— 哇!"冬冬满脸都是仰慕的神情。

"这些外国人的名字好长,我都搞不清楚谁跟谁。诺贝尔物理学奖是什么?量子又是什么?"夏夏自言自语道。

"最近看了新闻报道才知道,诺贝尔物理学奖是根据诺贝尔1895年的遗嘱而设立的五个诺贝尔奖之一,该奖用于表彰在物理领域作出杰出贡献的科学家哦!"小白和曼曼说道。

"咱们学校的普朗克老师就是历届获奖学者之一哟!"魁小星朝着大家笑眯眯地补充道。

"谁获奖都不重要,重点是,这是件大事!"冬冬对着大伙儿说,"我一直对这个领域有所关注,据说获得这次奖项的领域和普朗克老师的研究方向契合了。"

"冬冬,感觉你好厉害啊!"夏夏看着冬冬,感觉有些不可思议。

冬冬得意扬扬地说:"不吹牛,我可是小学霸,平时没事就爱看一些科学小知识!"

夏夏咧了咧嘴,问冬冬:"那你能跟我讲讲什么是量子吗?"

"呃……突然让我解释,我也解释不清楚。"冬冬有些尴尬地笑着说道。

大家一下子沉默了,气氛有些尴尬。

"等会儿上课的时候,老师会为我们解答吗?"曼曼看向魁小星问道。

"当然会!"魁小星笑眯眯地表示肯定。

话音刚落,上课铃响了,讲台上"嗖"地冒出了一位老师,他是谁呢?

知识小拓展

关于LED灯和普朗克的冷知识

我是LED灯,我有个别名叫"发光二极管"。

很多人家里都使用我,因为我比普通灯泡更节能、更明亮哦。

我们大多数都采用了前卫的量子技术。

其实,我只想做一个安安静静搞实验的美男子。

是什么支撑着我不惜掉光头发也要选择研究物理?那只能是骨子里的热爱!

普朗克只是想单纯地学好物理,没想到他真做到了。经典力学、电动力学和热力学的精髓全被他吃透了。

普朗克
20世纪最伟大的物理学家之一、量子力学的创始人之一。

"幽灵"般的量子纠缠

小伙伴们一起逛街时,在街头看到了一场魔术表演。

魔术师手拿扑克牌,声称自己有某种"超能力",在他的面前摆放着一张桌子,上面有一个倒扣着的碗。

他先抽出一张扑克牌放在桌面上,用碗压着它,然后让路人再抽出一张牌,放在一边。

接着,他说:"我碗底的这张扑克牌有种特殊的'魔力'。当它和你们抽到的牌靠近时,两张牌就会变得一样……"

大家觉得不可思议,都瞪大了眼睛看着魔术师的表演。

一系列操作后,果然两张牌是一样的……

霎时间,全场爆发了热烈的掌声,很多孩子都被他的魔术表演深深地吸引住了!

"这也太神奇了!"曼曼看得目瞪口呆。

"有趣。"冬冬开口说道,"这个小魔术,还真有点儿像'量子纠缠'的状态呢……"

夏夏听后问:"什么?什么纠缠?"

冬冬答道:"是'量子纠缠'啦!上节课我们不是学过量子嘛……因为量子信息科学领域获得了此次诺贝尔物理学奖,所以我就看了一些关于这方面的知识。"

"嘿嘿,说得没错!它们之间也有'神奇的联系',这种联系也的确有点儿'量子纠缠'的意思。"一阵笑声突然从孩子们的耳边传来,大伙儿扭过头,发现说话的竟然是魁小星。

"魁小星,你怎么来了?"夏夏看着突然冒出来的魁小星问道。

"我就不能来逛街啊!"魁小星说,"刚刚听到大家提到了'量子纠缠',我觉得有必要学习一下新课程了,下节课我们还是请普朗克老师来给大家讲课吧,就讲一讲'量子纠缠'。"

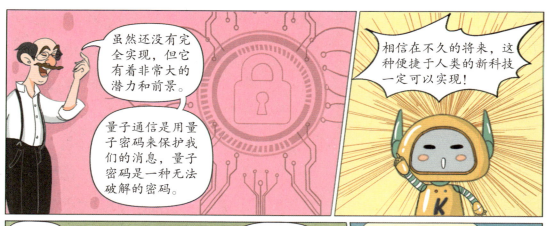

知识小拓展
精准的原子钟

大家好！我是目前精度最高的原子钟。正因为科学家爱因斯坦前辈口中的"幽灵"——量子纠缠，才诞生出了我，随着量子理论的发展，我已经被科学界广泛认可。

阿尔伯特·爱因斯坦

著名的犹太裔科学家、物理学家。

科学家们利用"量子纠缠"这一原理，让我的计时精度大幅提升，140亿年内误差不会超过1/10秒。

神奇的波粒二象性

"哎呀,小咪不见了!"

"跑到哪里去了?"

"小咪,小咪,你在哪里?"

小伙伴们着急地四处寻找着一只小猫咪……

"夏夏、冬冬,你们往南边找,"曼曼拉着小白的手说,"我和小白往北找,一定要找到小咪!"

小咪是曼曼和小白最近收养的一只流浪猫,平时就在小区的球场附近活动。今天它却不见了,大家决定分组寻找。

曼曼突然在篮球架旁边看到了小咪,她欣喜地俯下身子,伸出手叫道:"小咪,小咪,快过来。"

小咪"喵喵"两声,乖巧地摇着尾巴朝曼曼靠近。

"我找到了,小咪在乒乓球台这边!"夏夏突然大喊。

小咪听到夏夏的叫声后,受了惊一样地扭头就跑。

曼曼生气地冲夏夏嚷起来:"你怪叫什么?"

"我找到小咪了啊,你不是说找到了就告诉你吗?"夏夏一脸委屈。

曼曼说:"我刚刚明明在篮球架旁边找到了小咪,立马就被你给吓跑了!"

"怎么能说是我吓跑的呢?再说了,我刚刚明明在乒乓球台那里看见它了。"夏夏委屈地说。

"那一定是你眼花了！小咪明明就在篮球架这边，怎么还会在乒乓球台那儿？难不成它会分身术啊？"

"分身术？哈哈——如果小咪体内具有'波粒二象性'，就可以既出现在篮球架，又出现在乒乓球台啦。"一个声音突然从他们身后响起。

是魁小星，它怀里正抱着小咪。

"太好了，小咪找到了。"曼曼连忙抱过小咪，将它紧紧地搂在怀里。

"什么是波粒二象性？"小白问道。

魁小星神秘一笑，说道："这个问题，就请著名的科学家爱因斯坦前辈为大家讲解吧。"

知识小拓展
关于爱因斯坦

众所周知,我最有名的理论是相对论,但让我获得诺贝尔奖的原因却并不是这个。1921年,我因偶然解释了"光电效应"而获得诺贝尔物理学奖,它对波粒二象性概念的提出具有重大的影响。

阿尔伯特·爱因斯坦
著名的犹太裔科学家、物理学家。

告诉你们一个小秘密哟!其实我还发明过一种"吸收式冷冻机",也就是冰箱的前世。怎么样,是不是很意外?

只不过,它长得实在太笨重了,不方便使用。后来,人们又陆续发明了效率更高、体积更小且更安全的冰箱取代了它。于是,我的"冰箱"逐渐被取代了。

薛定谔的小猫咪

课间休息,大家一起在花园里玩耍。

曼曼突然大叫起来:"哇!你们看,好多可爱的小猫咪!"

冬冬、夏夏、小白听闻赶紧跑了过来。只见,四只小猫咪在草丛里不停地钻来钻去,发出"喵喵"的叫声。

"昨天,魁小星说花园里有几只被遗弃的猫,应该就是它们了。"冬冬叹了口气。

"好可怜的小猫咪啊!"夏夏一脸同情地说。

四个小伙伴看守在几只小猫咪身边,不舍得离开。

这时,冬冬突然开口:"我提议,我们一人领养一只吧!"

小伙伴们一致同意,于是大伙儿各自抱走一只小猫咪。

然而,几天后,大家再次聊起猫咪时却并不开心。

"我的那只胖猫真懒,总爱睡觉也不和我玩,没有曼曼那只花猫可爱。"夏夏噘着嘴说。

"才不是,花猫太调皮了,总是打我之前收养的小咪,还是小白的那只白猫咪可爱。"曼曼也一脸不高兴地说。

"咳……白猫太容易脏了,你们不知道给它洗澡有多难……"小白一脸愁苦地说道。

"别不知足了,我挑你们挑剩下的都没说什么……"冬冬无奈地看了看他们,不满地嘟囔道。

"怎么都不开心啊?难道你们不喜欢各自领养的猫咪吗?"魁小星走过来询问大家。

"这些猫咪都很可爱,只是我们都不喜欢自己选的那只罢了。"冬冬摊着手说道。

"哈哈,我还以为你们都找到了心仪的小猫咪。"魁小星神秘兮兮地说道,"这样看来,你们的猫就像'薛定谔的猫'一样……"

"薛定谔是谁?他也养猫了吗?"夏夏问。

"拜托!人家是位物理学家好不好?而且'薛定谔'现在成了流行词汇,指代一切不确定的事物。"冬冬说。

"那他的猫和物理有什么关系啊?"大家纷纷议论起来。

"那就得问他本人啦,这也与我们下节课将要学习的新知识有关,"魁小星蹦跳着,嘻嘻哈哈地说,"下面,我们就有请大物理学家薛定谔老师来为大家解答吧!"

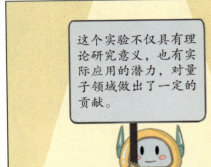

知识小拓展
关于薛定谔

大家总是能记住我的猫,却忽略了我对量子力学做出的最大贡献——"薛定谔方程"。可别小瞧了这个方程式,它可是揭示了微观物理世界物质运动的基本规律呢。就像牛顿三大定律在经典力学中的作用一样哟!当然,小朋友们只需简单知道有这么一个方程式就可以啦!

爱因斯坦、玻尔等一些物理学家曾被印在钞票上,薛定谔也不例外。奥地利1000先令(流通时间为:1983—1997年),正面是薛定谔的头像,背面是维也纳大学。

$$i\hbar\frac{\partial}{\partial t}\Psi(r,t) = \hat{H}\Psi(r,t)$$

大家来看看我手中的这张纸币,上面这位著名的物理学家,大家都认识吗?

埃尔温·薛定谔

奥地利物理学家、诺贝尔物理学奖获得者,量子力学奠基人之一。

不可思议的量子计算机

"门前大桥下,游过一群鸭,快来快来数一数,二四六七八……"远远地,就看见夏夏坐在水塘边边玩耍边放声高唱……

曼曼好奇地走过去问:"夏夏,你一个人在这儿玩什么呢?"

夏夏见有玩伴来了便提议:"儿歌里不是唱'数不清到底有多少只鸭'吗?我今天就非要数一数。来,我俩一起数数看……"

曼曼点点头说:"好!那你从左边数,我从右边数,最后再加起来。"

两个人兴致勃勃地数了起来。可没一会儿,问题就来了……

"停!你数得不对!这只我数过啦!"曼曼大声说道。

"这只我还没有数到呢……"夏夏盯着水中的鸭子无奈地说,"喂,鸭子鸭子,你们别乱动啊!"

小鸭子成群结队在水草里钻来钻去,二人数来数去却总是不对,不禁又急又气。

"你们在吵什么?"这时冬冬和小白来了。

"我们在数鸭子,可是它们总乱跑……"夏夏抱怨道。

"不数了!哼!"曼曼也噘着嘴说道。

冬冬一听哈哈大笑:"这就是你们的问题了,才受这点儿阻力就没耐心了。"

小白接着说:"哈哈,哪有你们这样数鸭子的?算术基本功也太差了!"

冬冬附和道:"就是嘛。要知道,在计算机发明出来之前,这世上所有的算术工作都是人工一个一个相加减汇总得出的。"

就在大家要吵起来时,魁小星不知从哪里冒了出来,开口道:"好了,你们别再纠结数鸭子的事了。我们马上要上课啦,带大家认识一种最新的科学计算方法——"

夏夏一把抓住魁小星的腿追问道:"什么科学计算方法?你快说啊,你快说啊!"

"别着急嘛!"魁小星不停地踹夏夏,"之前我们已经学过量子、波粒二象性、量子纠缠等,相信大家对量子领域都有了一定的认识。下节课我们将邀请冯·诺依曼老师为我们讲讲量子计算和量子计算机。"

魁小星将魔法棒一挥,大家瞬间来到一个周围全是计算机的世界。

有多快啊？

拿它的速度和以往的计算机来比较，就如同蜗牛与卡丁车的区别。

卡丁车？那岂不是飞一般的感觉？

就是这么快，不用怀疑！

那量子计算机可以用来干什么呢？

量子计算机的应用范围极其广泛。

运用量子信息的处理方式能准确预测天气状况。

目前计算机预测天气状况的准确率能达到75%，但是运用量子计算机预测的话，准确率会更高。

它强大的计算能力，能够同时分析大量不同的数据。

它可以准确分析金融走势，在避免金融危机方面起到很大的作用。

另外，量子计算机可以模拟新的药物的成分，更加精确地研制药物和化学用品，在生物化学的研究方面起到极大的作用。

是的！还有一个最为重要的——安全性。传统的计算机通常会受到病毒的攻击而瘫痪，导致个人信息被窃取……

量子计算机就不会存在这些问题，因为它具有不可克隆的量子原理。

知识小拓展
量子优越性

人类的超级好帮手

午后,夏夏在小区里闲逛,看到有一群人在下围棋。

其中一位老人赢了一局又一局,看起来很厉害的样子。一旁的人,有人赞叹,有人不服,一片吵嚷。

夏夏看他们这副架势,不禁有些担忧。

只见那位常胜的老人大笑起来:"哈哈,我实话实说,关于围棋对弈,目前除了人工智能,我还真没遇到过对手!"

"什么?什么智能?"

"啥叫人工智能?听起来怎么那么时髦……"

……

人们纷纷议论起来。

夏夏没吭声,在一旁听了一阵子后,带着疑惑的心情回到了学校。一进教室,夏夏就先把今天看到的情景向伙伴们说了出来。

夏夏疑惑地问大家:"你们知道什么叫人工智能吗?我们小区的围棋'常胜将军'居然都赢不了它。"

曼曼也疑惑道:"啊?什么人工智能?还会下围棋?"

冬冬立马解释:"他们说的可能是人工智能围棋机器人,连世界围棋冠军都不是他的对手。"

"对对对！我还听他们提到什么'围棋机器人'。"夏夏回应道。

小白点点头说："人工智能一听就很高科技，我听说未来人工智能可以代替人类做很多工作呢！"

一直安静站在一旁没有说话的魁小星开口了："所以，今天的课程，我要请一位'神秘人'来为你们讲解。嘿嘿，大家敬请期待哦！"

"神秘人"是谁呢？正当大家好奇地讨论时，魁小星挥挥手说："下面，有请我的小伙伴，最具智慧的人工智能机器人——文小星，为大家详细讲解人工智能。"

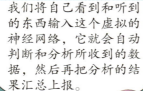

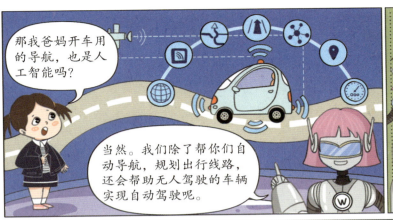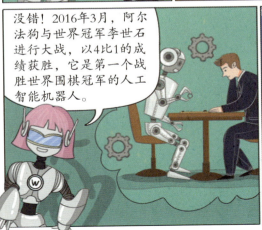

知识小拓展

人工智能与西洋棋的趣味故事

1956年，人工智能概念提出后，相继取得了一批令人瞩目的研究成果，其中就有"机器学习之父"亚瑟塞缪尔开发的一款西洋棋游戏。这个西洋棋程序能够让计算机自己跟自己下棋，不断提升自身的棋艺。几年之后，神奇的事情发生了，该计算机程序战胜了美国一位八年常胜不败的西洋棋大师——罗伯特尼赖。

> 很早以前，我们很笨拙，只能做一些人类教会我们的简单事情。

> 经过人类的不断研究，我们越来越先进，现在的我们，甚至可以帮助人类做费神的脑力工作。未来，我们依旧会继续为人类提供优质的服务。

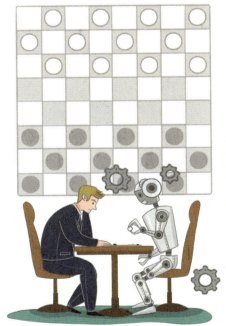

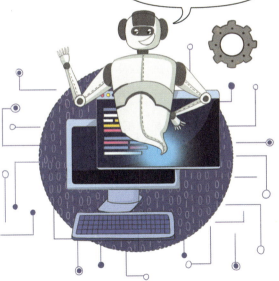

能听懂人话的机器

听说科技展览馆有智能机器人展,爱睡懒觉的夏夏第一次早早起了床。

他对上次文小星说到的人工智能意犹未尽,想再多了解一些,于是提前约上了小伙伴和魁小星。

早餐后,集合完毕的大伙儿坐上了展览馆安排的智能专车。

魁小星说:"我们已经到齐啦,请将我们送到展览馆吧。"

智能专车自动开启后,回复魁小星:"收到!已为您选择最佳线路,全程十公里,大约需要二十五分钟,途中可以小憩一会儿。"

听到魁小星跟专车的对话时,夏夏吃了一惊:"哇,这辆车居然可以自己说话、自己导航!"

"没错,这只是人工智能的一种简单用法。"魁小星解释道。

曼曼点点头问道:"那它还会说其他的吗?"

"你可以自己问问它。"魁小星笑着说道。

"请问,你还会说其他的吗?"没想到曼曼一脸认真地问了起来。

智能专车可没有让她失望,非常诚恳地回答道:"当然,尊敬的曼曼女士,我可以回答您的一切问题。"

"啊!你……你怎么知道我的名字?"曼曼有些害怕起来。

"在你们先前的对话中,我已经收集到了您的一些信息。所以,知道您的名字并不稀奇。"机器礼貌地作答。

大家先是很震惊，然后立马疑惑起来，机器怎么听得懂人说话，并且可以对答如流？

"原谅我冒昧地问你，"夏夏疑惑地问道："你不过是一辆车而已，怎么能听懂我们说的话？"

"因为我的创造者在我身上运用了'人工智能语言处理技术'。"机器人回答道。

"啊？语言处理技术？"小白看向冬冬，"冬冬，你知道它说的具体是什么吗？"

"那个……具体的我也不太清楚。"冬冬挠了挠脑袋，一下把魁小星揪了出来。

大家将求知的眼神投向魁小星。

"还以为你们可以自己寻找答案，没想到还是要我出马！"魁小星无奈叹了口气，"虽然我也是个人工智能机器人，但是这种专业的问题，还是请专业人士为你们解答吧！"

魁小星小手一挥，开始召唤大师："下面有请约瑟夫·魏森鲍姆老师来为大家讲解一下吧！"

知识小拓展
陪伴孩子的好帮手

当当的爸爸妈妈都去上班了,家里只剩下爷爷和当当两个人。因为爷爷讲不好童话故事,于是当当不开心地噘起小嘴巴,并呼叫智能情感陪伴机器人拉拉。机器人拉拉看到闷闷不乐的当当,便上前安慰。

原来计算机有一双"眼睛"

魁小星带着同学们搭上专车，急忙向科技展览馆赶去。

展览馆连外观都被科技渲染得充满科幻感，小伙伴们看到后情绪高涨，迫不及待地要走进去。

这时，一只机器臂挡住了他们："请各位到这边完成信息登记。"一个听起来萌萌的女性声音响起，大家定睛一看，原来是一位机器人接待员。

于是，在机器人的带领下，夏夏一行人完成了信息登记。

到了门口，闸机拦住了大家的去路，而闸机边一个工作人员都没有，和平时参观的展览馆一点儿都不一样。

这时，夏夏犯了难，开口问冬冬："咱们怎么进去呢？"

冬冬摊了摊手，表示不知道。

正好此时有位机器人接待员走了过来，夏夏拦下了它，问道："我们已经完成登记了，为什么还有闸机拦着呢？"

机器人接待员听后，不慌不忙地说："请大家随我来。"

机器人接待员把大家领到闸机前："请大家排好队，依据提示依次通过。"

听机器人接待员提示后，夏夏将信将疑地第一个走了过去。只见闸机上的屏幕上显示出夏夏的脸，夏夏东瞅瞅西瞅瞅，还没搞明白接下来要做什么，就听语音提示："识别成功。欢迎您，夏夏同学。"

门居然自己打开了!

冬冬他们也照着夏夏的样子,成功进去了。

"冬冬,刚刚那是什么高科技啊?"夏夏小声地问道。

"应该是人脸识别技术。"冬冬回答道。

曼曼和小白也充满疑惑,不禁问道:"那机器是怎样通过人脸识别技术识别我们的呢?"

这时魁小星跑过来说:"那就要说到计算机视觉啦。"

大家一脸茫然。

"计算机怎么还有视觉……"夏夏小声地嘀咕起来。

"哈哈,那当然了!至于计算机视觉里隐藏着什么大秘密,就让我们有请查理斯·苏黎来解答吧。"

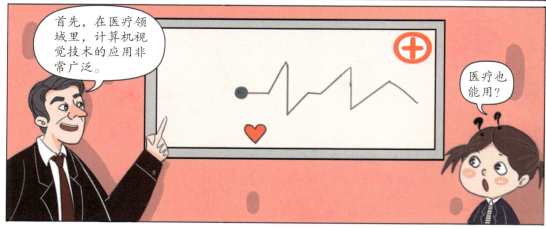

知识小拓展
计算机视觉的前路

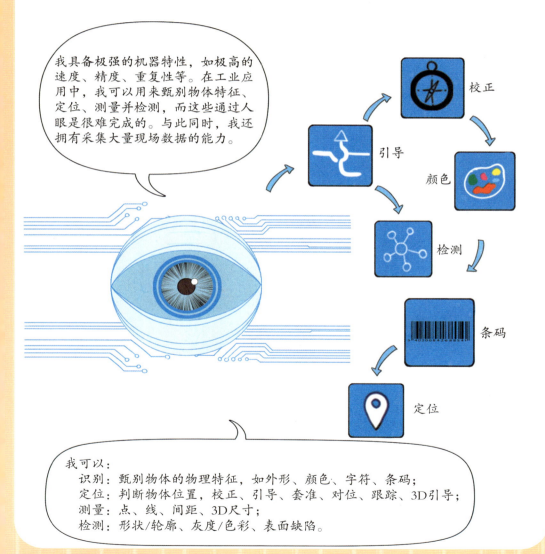

我具备极强的机器特性，如极高的速度、精度、重复性等。在工业应用中，我可以用来甄别物体特征、定位、测量并检测，而这些通过人眼是很难完成的。与此同时，我还拥有采集大量现场数据的能力。

我可以：
识别：甄别物体的物理特征，如外形、颜色、字符、条码；
定位：判断物体位置，校正、引导、套准、对位、跟踪、3D引导；
测量：点、线、间距、3D尺寸；
检测：形状/轮廓、灰度/色彩、表面缺陷。

夏夏的5G智能遥控小赛车

周末,夏夏将小伙伴们叫到了自己家小区的广场上,准备来一场远程智能遥控赛车比赛。

每个人都抱着自己心爱的小赛车前来参赛,大家既开心又兴奋。

夏夏在地上画好了起点和终点,小伙伴们都跃跃欲试。

"比赛的过程中可以碰撞其他人的车,谁的车最先进入终点圈就算赢。"夏夏得意一笑,"你们敢吗?"

"碰就碰,谁怕谁啊!"曼曼说,"开始吧!"

其他小伙伴也迫不及待地说:"好啊,开始吧!"

"预备——"夏夏吹响了哨子,"哔!"

哨声一响,大家操纵着的遥控赛车一齐冲出了起跑线。

当赛车行驶一半后,不可避免地撞在了一起,而夏夏却巧妙避开了其他人的赛车,径直冲进了终点圈。

"我赢了!"夏夏开心地跳了起来。

冬冬不服气地说:"再来一把,我准能赢你!"

"好,那咱们就再来一局。"夏夏面带微笑。

结果,夏夏不仅再次避开了跟其他人的碰撞,还成功地把领先的冬冬的赛车撞开,再次最先到达终点。

"好吧,还是你厉害!"小白冲夏夏竖起了大拇指。

夏夏一脸得意地笑。

"不对!"冬冬似乎想到了什么,他一个箭步冲到终点,抓起夏夏的车,望向车的底部。

冬冬瞪大眼睛生气地说:"夏夏,你作弊!"

"怎么了?"曼曼和小白不解地望着冬冬。

冬冬指着车底部的5G标识说:"我们用的小赛车都是4G版本的,他的赛车却是5G版本,根本不是同一个级别的,他当然会赢!"

小白疑惑地说:"我看这车也没太大区别啊,4G和5G版本差别很大吗?"

冬冬点点头:"那当然,这是天壤之别!上节课查理斯·苏黎老师提到过5G,魁小星说下节课会学习5G知识,你们都忘啦?"

小白和曼曼搞不懂冬冬说的5G和4G有什么区别,于是呼唤起了魁小星。

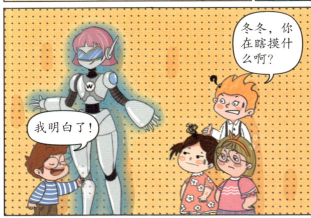

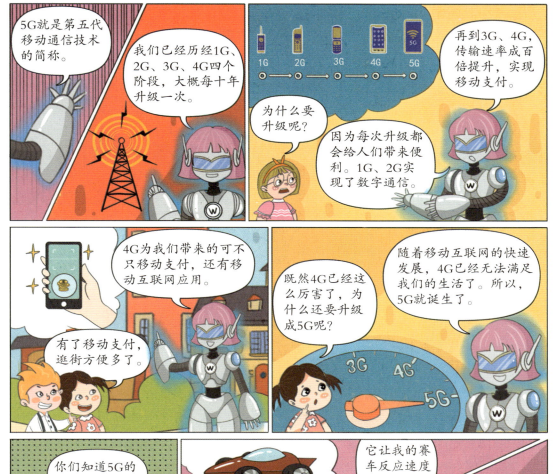

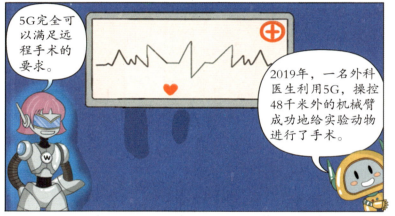

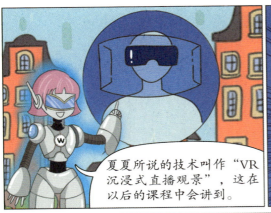

知识小拓展

5G背后的"黑科技"

从前,手机不管显示3G或4G,网速都让人着急……

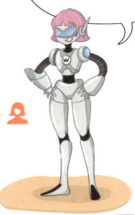

那是因为基站发射信号,就像灯泡发光一样,人都往光最亮的地方挤,而灯光却是分散开来射向四周的。这就意味着很多光并没有为人所用。

那我们可不可以把光束收集起来,照向每一个需要的人呢?

当然可以啦!这可是5G背后的一个"黑科技"——波束赋形。波束赋形能使电磁波指向所提供服务的设备,而且可以根据设备的移动转变方向哦。

这样,每束"光"都可以照向每个人,大家就不用抢位置,更不用担心信号干扰问题啦。

神通广大的万物互联

今天，夏夏邀请小伙伴们到他即将搬进的"新家"参观。

大家走进了夏夏的家，看见了一个很酷的智能门锁。智能门锁居然不用钥匙，只需要说一声"开门"，门就会自动打开。

小白看到后，觉得很神奇，但也有点儿害怕。

接下来，他们看到了一个颜值很高的智能扫地机器人，但奇怪的是，这个扫地机器人和别人家的看起来不太一样。它除了会扫地外，还有个漂亮的智能音箱，可以听各种音乐、陪大家聊天。

小伙伴们都觉得这个音箱很有趣。

大家玩得开心极了，都觉得这个"新家"非常棒，兴奋而又好奇地使用了所有的设备。

突然，智能门锁发出了急促的"嘀嘀"声："警报，三个小时时间马上截止，请尽快离开，否则门锁将关闭。"

夏夏顿时脸色大变，着急忙慌地冲出了房间，并对着还在房间里的大家喊道："大家快出来！"

小伙伴们一脸疑惑，但还是离开了房间。

曼曼问道："怎么回事？门锁关闭了你再让它打开不就行了吗？为什么要叫我们出来呀？"

夏夏双手一摊,无奈地说:"很抱歉,我没办法让它再次打开。"

大家疑惑地盯着夏夏:"啊?为什么?"

夏夏尴尬地笑道:"这里其实不是我家,而是一家科技公司的展示间,我只是领了一张三小时的免费体验券……"

曼曼说:"幸好及时跑出来了。你可真讨厌!"

小白说:"不过今天体验了一把智能家居的感觉,也挺不错的!"

冬冬说:"真是现代科技啊,这种'万物互联'的感觉超级棒。"

曼曼一听,忽然想起上节课也说到了这个话题:"魁小星不是说下节课要说万物互联吗?"

文小星突然出现在大家眼前,说道:"没错!今天课程的内容就是'万物互联'!"

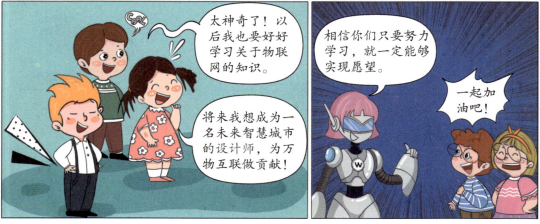

知识小拓展
小麦的幸福生活

我是一株普普通通的小麦,因为有幸出生在智慧农场中,所以生活得很幸福。在这里,我不需要担心风吹雨淋,也不需要担心昼夜温差过大,因为智慧农场里常年保持着最适宜的气温。而且,自动化装备还会定期对我们进行营养的浇灌和肥料的施加。农场为我们量身定制出最适合的配方,使我们能够茁壮成长。

我渴了。

我冷了。

一朵强大的"云"

这天早晨,同学们陆陆续续走进学校。学校门口最近新设置了一台刷脸机器,每个同学进入学校都需要刷脸。今天,夏夏和冬冬一起来到门口刷脸时,夏夏对着机器做了个鬼脸。

"夏夏,老师说过刷脸机时要认真对待,否则会挨批评的。"冬冬提醒道。

夏夏依旧嬉皮笑脸地回答:"没事,你看我这不是顺利刷脸成功了嘛。"

曼曼和小白走过来向小伙伴们打招呼:"早上好呀!"

小白问道:"为什么最近进学校要在门口刷脸拍照啊?"

"好像是为了不让校外闲杂人员进来吧。"冬冬猜测。

正说着,上课铃响了,同学们赶紧拥向教室。

"夏夏来了没有?夏夏来了没有?"老师突然打开教室门,急切地巡视着。

"在这里呢!"夏夏回答。

老师走过来,把手中的手机放在夏夏耳边,夏夏爸爸的声音瞬间从手机里传来:"夏夏,你到学校了吗?"

"我到了啊。"夏夏回答。

"那就行,没事了,我就是担心你安全到学校没有。"夏夏爸爸说。

老师拿起电话:"夏夏爸爸,今天可能是学校系统出了问题,夏夏已经到学校了,请您放心。"

夏夏悄悄问冬冬："老师说的系统是不是我们刷脸的那个啊？"

"好像就是门口的拍照机器，我都提醒过你不要出怪相。"冬冬解释。

曼曼小声地问："怎么了，夏夏？出什么事了？"

"没事，就是学校系统出了问题。"夏夏回答。

"什么系统？"小白也凑过来问。

这时，魁小星出现了："就是你在门口拍的照片会通过云计算发送到你爸妈那里，这样他们就知道你安全地进入学校了。"

"啊？什么是云计算？"小白问道。

魁小星笑笑说："上节课不是刚讲过物联网的'万物互联'嘛，云计算其实就是物联网的一个组成部分。看来这节课我有必要给你们讲一讲云计算了。"

知识小拓展
"云"的功能

> 我代表"弹性",我擅长自行调整身体姿态,产生自我平衡。

> 我代表"稳定性、可靠性",因为我的吨位很"重"。

云计算可以快速调整资源的分配,以满足不同的需求,并能够自动扩展或缩小资源的使用。

云计算平台提供了高可靠性的服务。无论在软件、硬件或数据中,云计算都采用了多层保护措施,保障了服务的可靠性和稳定性。

> 我是一只狐狸,所以我代表"灵敏性"。

> 我是最聪明和灵活的哺乳动物,所以我代表"效率性"。

云计算平台可以使企业或个人快速响应市场需求或变化,节省时间和成本,并提高了业务的竞争力。

云计算可以让企业或个人快速地启动新的业务,强化安全和合规性,并加快信息传输的速度,从而提升了工作效率和生产效率。

到处都是大数据

假期里,学校组织学生们去游学,此次游学的目的地是长城。这会儿,同学们已经来到了长城上,大伙儿三五成群的在长城上边走边聊。

曼曼感叹道:"长城可真壮观啊!"

小白说:"当然啦,长城可是世界上最著名的古代军事防御工程。"

夏夏马上过来插话:"我听说过,长城在各地修建了好几处,不同的长城,风格也有所不同呢。"

"没错,长城修建起源于春秋战国时期,原来并不相连,是秦始皇统一中原后把各国的长城连了起来,重新修缮,才有了'万里长城'的说法。"冬冬耐心地向大家解释道。

曼曼疑惑地问:"古人为什么要费那么大的劲修建长城啊?"

冬冬回答道:"修长城是为了捍卫国土,防止外敌入侵的。"

夏夏突然自言自语道:"也不知道长城上到底有多少块砖石。"

冬冬一本正经地回道:"据说有超过1795万块砖石。而且建造长城的时候,工人们会根据砖头的凸凹程度来拼接砖头,让砖墙更加牢固。"

曼曼感慨:"当时没有机械,全靠人力,修建长城的人们肯定很辛苦吧?"

小白说:"肯定很辛苦啊,我们平时搬几块砖都嫌累……"

夏夏感慨道:"这小小的砖头看起来这么普通,却能够修建出这么伟大的建筑,真是不可思议!"

"这就要用到大数据思维了。"有两个声音突然从身后响起。

"文小星?魁小星?你们怎么来了?"小伙伴们惊叫。

"我们来找大家,一起爬长城啊!"文小星笑着说。

夏夏问:"对了,你们刚才说的'大数据'是什么东西啊?"

曼曼这时也上前来问:"对,还有你刚刚说的什么'思维',是什么意思啊?"

"也可以说类似长城吧。大数据是由很多数据组成的,单看某一个数据,会觉得它平平无奇,但组合在一起就成了大数据,就有不可思议的力量。"文小星回答道。

"对,这就叫作'大数据思维'。"魁小星跳过来补充。

"这也太神奇了吧!"

"快给我们讲讲大数据吧!"同学们顿时七嘴八舌地嚷道。

"好吧,那我们今天就学习大数据好啦!"文小星笑道。

知识小拓展
大数据的自白

大家好！我就是你们口中的"大数据"，也可称我为"巨量资料"。归纳起来，我有四个显著特点：体量大、多样性、价值密度低、速度快。

我的意义不仅仅在于生产和掌握庞大的数据信息，更重要的是对有价值的数据进行专业化处理。以下是我的日常工作流程和工作原理：

数据采集　数据存取　基础架构　数据处理　统计分析　数据挖掘　模型预测　结果呈现

足不出户的快乐VR之旅

今天,同学们来到学校的VR主题体验馆,每个人都戴着VR眼镜,体验了一次虚拟参观。

他们先是兴致勃勃地参观了博物馆。

看完后,小白摘下VR眼镜说:"太有意思了,就像真的去了一趟博物馆一样。"

"你们看见那个青铜鸟了吗?感觉比现实里还要精美!"曼曼也说道。

"对,还有那些雕塑,感觉太逼真了!"夏夏也附和着说。

冬冬还沉浸在VR里,夏夏走过去取下了冬冬的VR眼镜。

"哎呀,你摘我眼镜干吗啊?"冬冬有点儿生气。

"刚刚老师说过,不能看太久,不然对眼睛不好。"夏夏反驳道。

"我刚刚在看黄金面具,好真实啊,都想上手去摸了!"冬冬说。

"是的呢,博物馆里陈列的真品,都无法这样近距离地观看。"夏夏说。

"我还要看看。"冬冬又拿过夏夏手上的VR眼镜往脸上戴。

曼曼也准备戴上VR眼镜:"我记得老师说里面有VR电影呢。"

小白也拿起眼镜说:"那我们一起戴上眼镜看看吧。"

"我就不看电影了,我想试试这个VR眼镜还能玩什么。"夏夏坏笑道。

夏夏戴上眼镜后,在里面发现了一个好玩的过山车项目,他点开后,感觉自己跟着过山车一跃而下，吓得连忙大叫。

"啊啊啊，停下来！"夏夏尖叫道。

这时，夏夏的VR眼镜被摘了下来，他睁开眼睛一看，是魁小星。

周围的同学闻声都围了过来。

"吓死我了！"夏夏惊魂未定地说道。

"你看到什么了啊？吓成这样！"魁小星问道。

"我刚刚用VR点开一个视频，然后就感觉自己坐在一个过山车里……差点儿吓死了！"夏夏说道。

"哈哈！也可以说是你的眼睛被欺骗了。"魁小星说。

夏夏叹了口气，说："哎，可不是嘛。我最害怕坐过山车了。"

魁小星说："既然同学们都身临其境地感受过了，那我们来了解一下VR，上一节虚拟现实课吧！"

接下来，魁小星帮每个人的VR设备调试好，开始了一次足不出户的快乐之旅。

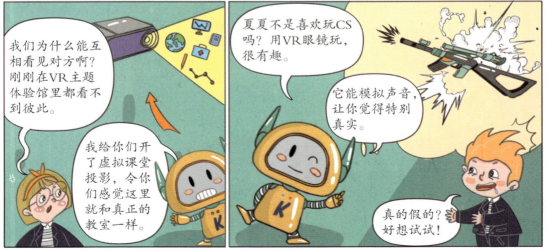

什么是新能源？

周一的早上，孩子们陆陆续续地坐上校车。上车后，魁小星例行检查每个学生的安全带是否系好。检查完毕，校车开始启动，向着学校出发。

今天的路面格外拥堵，只见一排排汽车缓慢地朝着前方行驶。

"怎么感觉今天的车开得好慢啊！"小白抱怨道。

"是啊，还要多久才到学校啊？"曼曼无奈地说。

"还不是因为路上的车太多了！"冬冬说。

"你们看，前方的车辆一动也不动，肯定堵路了！"另一名同学恒恒也无奈地说。

此时的夏夏把头转向窗外，嘴里念叨着"一、二、三……"，也不知道在数什么。

"夏夏，你在干什么呢？"曼曼问。

"哎呀，我在数路上那种绿色车牌的车有多少辆呢！"夏夏不满地说道，"都怪你打岔，我都忘了数到哪儿了。"

"数那些车干吗啊？你真是够无聊的！"曼曼笑着说，"上次数鸭子还没数够吗？"

"我听我爸说，最近路上出现了很多那种绿色车牌的新能源汽车。"夏夏说。

"对哦，听你这么一说，我才想起来，最近好像经常看到这种汽车，还挺漂亮的呢！"小白也开口表示认同。

接着，大家也都纷纷接话，表示自己也经常见到这样的新能源汽车。

"对了，我听大人说这种车很环保。"小白说。

"为什么很环保呢？"曼曼质疑。

"小白说得没错，新能源汽车的确环保。"一直坐在前排的魁小星突然回头说道，"看来，大家今天对这种新能源汽车挺感兴趣，一会儿到教室，就请文小星来给大家上一节关于新能源的课程吧！"

这不，一到教室，文小星就被魁小星召唤出来了。

比如风能。我在新闻上看到……

我们国家的海上风能开发在技术方面一直处于领先地位。

是的。目前,我国已经建立了良好的海上风电场,不仅在技术方面达到了世界最高水平,而且非常环保。

海上风电场是不是就像那些高高的、长得像大风扇的东西啊?

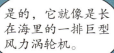

是的,它就像是长在海里的一排巨型风力涡轮机。

每个风力涡轮机都有巨大的叶片,它能够将海风的能量转化成电能,从而为我们的生活提供绿色能源。

为什么不在陆地上建呢?

海上有很多优势……

海上建风电场不会受到地形的影响,同时也节省了宝贵的土地资源。而且海上的风力更强,发电效率更高。

确实,海风多强啊!

知识小拓展
氢燃料电池车

大家好！我是氢燃料电池车，今天带大家"氢"松了解一下我。

在新能源汽车领域中，除了纯电动、混合动力汽车外，我也逐步走进了人类的生活中。

和一般电池相比，"充电"时间快可是我的一大优势！而且在低温高压下，我可以像汽油一样进行快速加注。

金色的能量——太阳能

周末,学校组织同学们去公园野餐,一大早大伙儿就兴致勃勃地跟着魁小星来到了公园。这会儿工夫,男生们在卖力地搭帐篷,女生则在草坪上铺着桌布,摆放各式各样的食物。

大伙儿开开心心地在公园里聊天、野餐,时不时地,还会拉着魁小星来一首大合唱,好不热闹!

一晃眼,一上午就过去了。午间艳阳高照,魁小星伸出双臂做出享受户外阳光的姿势。

"哎呀,好晒啊,我都要热死了!"同学们纷纷地吵嚷道。

"太热了,魁小星可以开个风扇吗?"夏夏汗流浃背地坐在帐篷里。

"你就忍忍吧,魁小星昨晚帮我们准备食物,又干了很多活,还没来得及充电呢!"曼曼说道。

冬冬把反光布铺在帐篷顶上,随后擦了擦额头上的汗,说:"我也想吹风扇,热死我了!"

魁小星从背后变出一只机械手臂来,机械臂是一个大风扇,开始给大家吹风。

"好凉快啊,又活过来了!"夏夏边吹风边扯着自己的衣服夸张地说道。

冬冬这个时候也坐在了地上,闭着眼睛享受着凉风。

"没关系,这次我不会没电的,阳光太好了,我已经充满电了。"魁小星边说边张开双手面向太阳。

"魁小星，你在干吗啊？"曼曼见它这副模样忍不住地问。

"你是在像植物一样，进行'光合作用'吗？"小白调侃魁小星道。大家被小白的话逗得哈哈大笑。

冬冬说："哈哈，它不是在'光合作用'，它这是在给自己充电呢。"

有的同学感到惊讶："啊？充电？"

"瞧你们那大惊小怪的样子，你们忘了，我也可以利用太阳能充电啊！"魁小星拍了拍胸口说道。

夏夏大笑着说："都忘了你可以不用插电源的，天晴了直接抱出来晒晒太阳就行了。"

"那你说得可太对了！这也是我的高级设计之一。"魁小星得意地眨眨眼睛，接着，它又摆出一副神气的模样对大家说，"既然提到了太阳能，索性今天就让我这个无所不知的机器人来给大家讲讲吧。"

知识小拓展
太阳能光伏板的自述

我是太阳能光伏板,一个非常厉害的小伙子!我能够把太阳能转化成电能。如果你把我放在你家的房顶上或者地上晒晒太阳,我就可以给你提供电!是不是非常棒?

我的寿命可能会达到15年或者25年,这意味着我可以服务你很长时间。如果你是一个环保主义者,或者想要改善地球的环境,那么选择我是一个非常好的选择。

风的样子——风能

活动课上,同学们在制作纸飞机。刚做好的夏夏和冬冬来了兴致,决定要比比看谁的纸飞机能飞得更远。

夏夏猛地将纸飞机扔了出去,而冬冬则慢慢找准角度将纸飞机轻轻抛出。两架纸飞机飞行了一段距离后由于开始失去平衡逐渐向下倾斜,当飞机快要降落时,冬冬的飞机突然攀升起来继续向前滑行。

"这怎么可能?"夏夏惊讶地叫了出来。

"哈哈哈,你认输吧!"冬冬得意地说。

冬冬的纸飞机在快要降落时又飞了起来,但是,渐渐地,最终也落了下来。

"这是为什么呀?明明我的纸飞机飞得那么平稳。"夏夏疑惑地说。

"我折的飞机,在空中可以多滑行一下。"冬冬得意地说。

"冬冬,你的纸飞机怎么能飞那么久呢?"曼曼也疑惑地问道。

此时冬冬把自己和夏夏的飞机捡起来,给大家做对比。

"你们看,夏夏的飞机机身修长,像一支火箭,飞行时,这种形状的飞机不会受到太多空气阻力,所以飞得快。虽然它飞得很快,但失去动力后就会直接掉下去。我的飞机虽然机身和翅膀很大,会受到风力的阻力,但正是因为翅膀大,它在失去动力后仍然可以通过向下俯冲的方式增大升力,继续滑翔。现在明白了吧?"冬冬解释道。

"冬冬真聪明!"魁小星在一旁拍手说道,"那同学们知道,纸飞机飞行时还需要什么吗?"

同学们摇头:"不知道。"

"当然是风啊,因为纸飞机是靠风才能飞起来的。"冬冬答道。

魁小星说:"没错,而且风也可以作为一种能源。今天就让我和文小星一起跟大家讲一讲'风能'吧!"

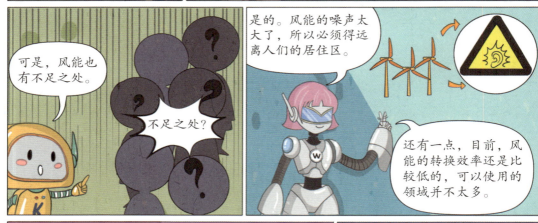

知识小拓展
风力发电机

同学们你们知道世界上最大的风力发电机是什么吗？是中国制造的MySE16.0-242。它的风力涡轮机叶片长度有118米，总高度可达382米，相当于127层楼；叶轮扫风面积可达46000平方米，堪比6.5个足球场，可谓地地道道的巨无霸！

MySE16.0-242

我不仅个头大，本领也大，发电功率在风电领域世界第一！我稍微转一圈就能发电65度，一年能发电9000万度，满足2万户家庭一整年的电力需求，相当于减少了160万吨的二氧化碳排放。

绩优的核能

教室里同学们坐在投影前观看国庆阅兵仪式。前面是走得整整齐齐的仪仗队，后面是大型的导弹车。

冬冬激动地说："导弹！是东风导弹！"

夏夏问："那个就是东风导弹吗？"

冬冬说："是的！爸爸说那个是东风-41洲际导弹，它还能带核弹头呢！"

小白好奇地问："核弹头是什么？"

夏夏回答："核弹头就是核弹喽！"

魁小星走过来说："原来你们在说核导弹啊！"

其他同学一听到核导弹，立马炸了锅，大家纷纷围过来，七嘴八舌地讨论起来。

魁小星见状连忙问大家："同学们，你们知道我国的第一颗原子弹，也就是核弹，叫什么吗？"

夏夏摸了下脑袋说："叫什么？这个……我还真不知道。"

同学们顿时也都傻了眼，你看看我，我看看你，都答不上来。

"我国第一颗发射的原子弹叫'邱小姐'！"这时，冬冬站出来响亮地回答道。

"不错不错，你答对了！"魁小星表扬了冬冬。

魁小星接着说："同学们要知道的是，人类成功发射原子弹并不是为了战争哟!"

曼曼问:"不是因为战争?"

"不是为了战争,那还发射原子弹做什么?"小白也提出疑问。

魁小星继续解释:"因为发射原子弹可以有效避免其他国家用核武器威胁我们,所以它的意义重大。"

同学们点点头说:"原来是这样。"

魁小星接着说:"今天我要为你们讲一节非常有意义的课,让你们了解核的发明,以及研究核能的意义。"

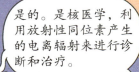

知识小拓展

"核"科普知识宣传栏

1. 什么是"核事故"？

核事故是指在各类大型核设施中发生的意外事件，致使放射性物质的释放可能或已经达到无法接受的水平。核事故可分为核反应堆事故、核临界事故、核材料运输和存储事故、核燃料循环设施事故、核武器事故等。

2. 采取何种保护措施可减少这些辐射？

通常首要任务是限制辐射暴露的发生，并疏散或隐蔽受影响人口。国家会根据放射性物质的释放量和当时的气象条件、爆炸的中心范围，来确定需要在多大范围内采取紧急隐蔽防护措施。

3. 如何进行自我保护？

躲进隐蔽处，以减少外照射和污染空气的吸入。可用湿毛巾、布块等捂住口鼻，减少放射性物质的吸入；将身体用衣服等裹严实，减少体表的放射性污染；假如怀疑身体表面有放射性污染，可以洗澡或更换衣服。切勿食用已经污染的食品、水，必要时根据政府的指示服用预防性药物，不可擅自服用。

变废为宝的生物质能

放学回家的路上,小伙伴们经过一个路口时,迎面看见路上突然出现了许多垃圾桶。

这些垃圾桶不仅分类更加细致,还包括可回收垃圾、厨房垃圾、有害垃圾和其他垃圾。

夏夏说:"好奇怪啊,为什么突然多了这么多的分类垃圾桶?我记得以前只有两种垃圾桶。"

曼曼点点头,也好奇地问道:"是啊,最近我们楼下的小区也增加了好多垃圾桶。"

冬冬猜测道:"可能是为了更方便回收利用。"

小白问道:"垃圾还可以重新利用吗?"

冬冬解释:"我记得老师说过,先把垃圾分类才能更好地回收利用。"

夏夏问:"回收垃圾我知道,但为什么其他垃圾还要分那么多类型,这不是更麻烦了吗?"

这时,魁小星跳出来说:"垃圾分类是为了发电。"

曼曼十分惊讶,瞪大了眼睛:"什么?垃圾还能发电?"

小白同样惊讶:"你是不是在哄我们啊?"

魁小星解释道:"是真的。垃圾分类是为了更好地回收利用,特别是厨余垃圾。"

夏夏一脸不可置信,他提高了音调,接着问魁小星:"那厨余垃圾有什么用处呢?"

"比如餐馆的厨余垃圾,可以加工成为一种有机肥料,让农作物安全增产。"魁小星解释道。

"原来如此,怪不得垃圾分类要这么细致。"夏夏答道。

曼曼又问:"那你说的发电又是怎么回事?"

"同学们听说过生物质能吗?"魁小星回答道。

大家异口同声地问道:"什么是生物质能呀?"

魁小星突然打了一个响指,说道:"关于什么是生物质能,我将在下面的课程中为大家揭晓。"

知识小拓展
化腐朽为神奇的沼气

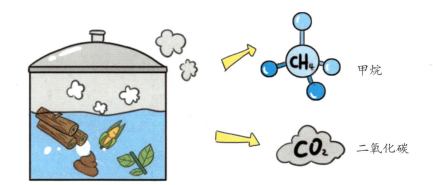

沼气，就是沼泽里的气体。它是一种含有多种气体的混合物，主要成分是甲烷。粪便、农作物的叶茎、杂草等在隔绝空气的情况下，只要有合适的温度和湿度，经过微生物的发酵，都会产生沼气。沼气发酵后排出的料液和沉渣，可以用作肥料。

把废物转化为能源来使用，既可以充分利用生物质能、解决能源短板问题，又可以减轻农业环境污染。

飞上天和太阳肩并肩——航天航空

绿茵场上，同学们整齐划一地练着一个简单的动作。原来，他们在上体育课，老师正在带着这群同学们练习掷铅球的动作。

练习了一会儿，同学们开始逐一掷铅球。

夏夏把铅球握在手里，朝着远处使劲一推，铅球被掷得很远，在空中划出一条长长的弧线。

"怎么样，看我丢得远吧？"夏夏满脸兴奋地说。

"哼！要不是今天手感不好，你肯定没我扔得远。"冬冬一脸不屑地把脸转过去。

"不行就是不行，你还得再练练。"夏夏走到冬冬旁边，秀自己手臂上的"肌肉"。

冬冬没有理会夏夏，捡起铅球说："哎，如果铅球被丢出去的速度足够快，就永远不会掉下来了。"

"怎么可能不会掉下来？"小白疑惑地说。

"就是嘛！胡说！我看电视上好多运动员丢得那么远，最终不还是掉下来了啊！"曼曼也附和着说。

"哎呀，反正就是速度超快的话，就不会掉下来。"冬冬有点儿不耐烦了。

"骗人！"曼曼和小白笑笑，一脸不信地说。

"对对对！铅球可以带冬冬飞上天，让他和太阳肩并肩。哈哈……"夏夏在一旁打岔开玩笑。

冬冬白了一眼夏夏说："懒得理你！"

"冬冬说得没错！"一旁的魁小星突然笑嘻嘻地说道。

听到魁小星那么说，大家一脸惊讶。

魁小星故作严肃地缓缓说道："如果铅球的速度足够快，它就不会掉下来，甚至能飞出地球。"

接着，魁小星突然打开一个全息投影，上面有一枚巨大的火箭正在升空。

人造卫星转啊转

小伙伴们早就听闻，今晚会有一场流星雨，于是，大家兴奋地约好晚上在学校附近的山坡见。

夜幕刚刚降临，这几个小家伙便按捺不住爬上了山坡。这会儿工夫，他们已经大眼瞪小眼地躺在山坡的草坪上了。

魁小星作为他们的引导人，也被他们拽上山来。为了同学们的安全，它一直陪在他们身边。

但是看了好一会儿，他们什么也没看见。

夏夏最先开始着急了，质问一旁的冬冬："你的消息可靠不？流星雨到底是不是今晚啊？"

曼曼也沉不住气了："别说流星雨了，我们连一颗星星都没看到……"

小白也开口了："要是太晚回去，爸爸妈妈会骂我们的。"

冬冬扶了扶眼镜说："你们别着急嘛……"

"快看！快看！那儿有一颗星星！"夏夏突然跳起来，指着夜空中的一个亮点大喊。

"哇，真的呀！好像还一闪一闪的。"曼曼和小白也从草地上坐起来。

"哈哈！我选的这个位置是最佳观看点，"冬冬起身扶了下眼镜继续说，"可是……为什么等到现在都没有流星雨呢？真是奇怪！"

夏夏冲魁小星大喊:"快快快,帮我们和这颗亮晶晶的星星合个影吧!"

"亮晶晶的星星?在哪里啊?"魁小星抬起头张望,疑惑地问。

"喏,就在天上啊,你没看见吗?"夏夏指了指天上的亮点,又敲了敲魁小星的头说,"你该不会是零件坏了吧?"

曼曼和小白也围过来摸了摸魁小星的头:"哈哈,不会真的坏了吧?"

魁小星挣脱大家说:"闪开!哎呀,天上的那个亮点不是星星啦!"

"不是星星?那是什么?"大家异口同声地说。

"是人造卫星!不是星星!"魁小星解释道,它从自己的万能包里拿出天文望远镜,让同学们通过天文望远镜观察卫星。

随后,它又打开全息投影,准备给大家上课了。

畅想未来的太空之旅

周末，冬冬邀请了几位同学到家里玩。

他的房间里有许多玩具模型，墙上还有太空海报，灯是用星球的模型做的，窗前还放着一架天文望远镜。

大家都被房间里的模型吸引住了。

"哇，铠甲勇士的模型！"夏夏惊呼起来。

"这个长长的是船吗？"小白疑惑地指着书柜问。

冬冬把书柜上的模型小心翼翼地抱出来，向大家展示。

"这是太空飞船，我爸爸好不容易才给我买回来的。它和电影里是同款哦！"冬冬得意地说。

"给我看看！给我看看！"夏夏挤上前去观看。

曼曼看着房顶上的星空壁纸、星球吊灯，还有墙上的太空海报，不免感慨："真漂亮啊，家里装饰成这样真是太棒了！"

"我还有一个更帅的呢！"冬冬说着从床下拿出了一个行星发动机模型，展示给大家看。

"这个模型也太精细了吧？"曼曼惊讶地说道。

冬冬却感叹道："可惜这些都是假的。"

"难不成你还想买个真的？"夏夏调侃道。

"那当然,要是真的该多好!我是真的很想去太空看一看!"冬冬一脸憧憬地说。

这时,魁小星和文小星走了进来。

魁小星先开口问大家:"你们在说什么啊?我怎么听见你们说,想去太空看一看?"

大家异口同声地说:"那当然了!谁不想去看看啊?"

这时,文小星说:"虽然我们没法真的带大家到太空,但是接下来本学期的最后一节科学课,可以让大家尽情地畅想未来的太空之旅!"

知识小拓展
火箭知识小百科

1.为什么火箭的头都是尖的?

小朋友们,知道火箭头为什么都是尖的吗?这种设计是为了让它们在飞行的过程中,减少空气带来的阻力。因为飞行速度越快,产生的阻力就越大。不过,即便是把头部做成尖的,依然会有很大的阻力,而且空气的摩擦会让火箭产生许多热量,所以火箭在飞行时还应当采取一些降温措施。

2.火箭为什么都是垂直起飞?

主要因为两点:第一,火箭飞行的大部分时间都是在大气层以外的空间,而垂直发射更有利于火箭以最快的速度穿过大气层,这样就会缓解因空气阻力造成的飞行速度减慢;第二,大型运载火箭一般使用的都是液体推进剂,因此垂直状态发射有利于推进剂的精确加注或泄出。

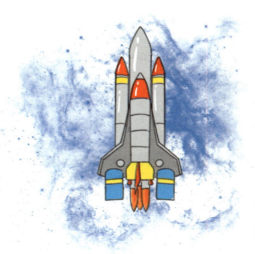

3.火箭发射过后都跑去了哪里?

火箭发射后,运载火箭在完成运送任务后,会直接坠入大气层焚毁,只有载人火箭的返回舱可以返回;而没有焚毁完的火箭残躯都会受到控制落入指定的区域范围,甚至应用精准落点的控制技术,对残骸进行可控回收。